Le chat Siamois et Oriental

Le chat Siamois et Oriental

Texte de M. Beltrame
Photographies de L. Stein

NATHAN

En couverture : *Njumba Ya Tamu,*
Oriental Noir, femelle de 7 mois.

En frontispice : *Nicolaus In White Ya Tamu,*
Siamois Foreign White 35, mâle de 14 mois,
Champion International.

Adaptation française : Suzanne Doppelt
Avec la collaboration de Philippe Brunet

N° d'éditeur : 48 146
ISBN : 2 09-284 261-7
Imprimé en Italie
par Arnoldo Mondadori

SOMMAIRE

Au palais du roi du Siam

Comment rester indifférent à ses mouvements souples et élégants? Comment ne pas être fasciné par ses grands yeux bleus, taillés en amande comme pour rappeler ses origines orientales?

L'histoire du Siamois, « le prince des chats », ne pouvait commencer qu'au palais du roi du Siam. Dans un livre conservé à la Bibliothèque nationale de Bangkok, on trouve de nombreux portraits de cour du XVIIe siècle où des représentants de cette race figurent aux côtés des nobles et des dignitaires.

Le premier couple de Siamois fit son entrée en Europe en 1884, offert par Sa Majesté le roi du Siam au Consul Général britannique Owen Gould.

Deux ans plus tard, ils furent présentés – sans grand succès – au Crystal Palace de Londres, le lieu le plus prestigieux pour les expositions canines et félines. Il s'agissait de deux « Seal Point », à la silhouette moins gracieuse et moins « stylisée » que celle à laquelle nous sommes habitués aujourd'hui, fruit d'une longue sélection.

Nuru Ya Tamu, Oriental Ebony 29 sb, femelle de 7 mois.

Il fallut quelques générations pour que cette race s'adapte au climat rigoureux de l'Europe septentrionale et pour qu'elle se fasse apprécier du public.

Les premiers éleveurs de cette race ne parvenaient pas à corriger certains défauts typiques, comme le strabisme et la queue noueuse, aujourd'hui pratiquement disparus.

Deux curieuses légendes expliquent ces particularités disgracieuses. Une vieille coutume birmane voulait que le Siamois soit le gardien des trésors royaux; le chat les aurait surveillés si longtemps et avec une telle attention qu'il se serait mis à loucher. En ce qui concerne la queue noueuse, on raconte que les princesses du Siam enfilaient leurs anneaux sur la queue du chat avant de plonger dans leur bain : à force de porter ces bijoux, la queue en aurait pris la forme...

Mais le travail de sélection a éliminé ces défauts : depuis les années 20, ce magnifique chat aux yeux bleus connaît un succès croissant, et les critères de perfection se sont stabilisés.

En fait, le Siamois et l'Oriental, malgré des différences marquées, ont des parents très proches, seulement distincts par la fourrure. En comptant toutes les variétés, on distingue une gamme de couleurs très étendue, permettant d'en reconnaître aujourd'hui une centaine.

L'Oriental, ou plus exactement l'Oriental à poil court, est presque en tout point semblable au Siamois. Ses origines sont identiques ; il vient du Siam, l'actuelle Thaïlande. Comme le Siamois, il a l'apparence et l'allure d'un guépard. Ses yeux sont également très beaux et magnétiques, à la différence qu'ils sont verts au lieu d'être bleus.

Cette race ne fut reconnue en Angleterre qu'en 1960, où elle reçut le nom de « Foreign Shorthair » : « Étranger au poil court ».

Les premiers éleveurs d'Oriental furent les Américains qui commencèrent la sélection en 1970. Toutefois, la race n'est pas encore très diffusée ; en Europe, elle apparaît toujours comme une nouveauté et suscite, à ce titre, l'intérêt des connaisseurs.

Comment reconnaître un vrai Siamois et un vrai Oriental

Les Siamois et les Orientaux ne se distinguent que par la couleur de la fourrure et des yeux ; leur aspect général est semblable, et le standard identique.

Il faut cependant rappeler une chose essentielle, au risque de décevoir nombre de propriétaires de Siamois : ce n'est ni la couleur marron aux extrémités, si caractéristique, ni la couleur crème de la fourrure qui font le vrai Siamois. Ce sont la structure du corps, la forme de la tête et la ligne de la queue qui importent avant tout.

Un vrai Siamois doit être l'incarnation de ces statuettes anciennes témoignant de l'adoration que lui

Nezheuka del Calicanto, Siamoise Foreign White de 12 mois; à droite : *Blue Empress von Avathar, Oriental Foreign Blue 29a, femelle de 7 mois.*

vouaient les Égyptiens. Comme sur ces images sacrées, le Siamois et l'Oriental ont une tête petite mais bien proportionnée, inscrite dans un triangle isocèle partant de la pointe du nez pour s'élargir jusqu'à la pointe des oreilles. Celles-ci doivent être grandes et larges à la base, tandis que les joues sont à peine esquissées, le nez devant être long et droit de profil. Les yeux sont en amande, grands et bien espacés, bleu intense pour le Siamois et verts pour l'Oriental; le strabisme – traité dans le chapitre sur la santé – est bien sûr considéré comme un défaut.

En ce qui concerne la structure du corps, un vrai Siamois doit être bien proportionné, quelle que soit sa taille, être très svelte et posséder une musculature puissante et élancée.

La queue, effilée à l'extrémité, doit être presque aussi longue que le tronc, droite, sans crochet et bien sûr dépourvue de ces renflements et nœuds qui ont fait naître la légende des anneaux. Les épaules doivent être larges comme les hanches, le cou droit et élancé. L'élégance requise par le standard exige que les pattes soient longues, sèches, droites et terminées par de petits pieds ovales; les pattes postérieures doivent être un peu plus hautes que les inférieures.

Le poil, enfin, doit être court et plaqué sur le corps, constituant une fourrure brillante et compacte, de longueur égale, pratiquement dépourvue de sous-poil (très abondant au contraire chez les races à poil long).

Les variétés, dans les deux races, sont caractérisées par une coloration spécifique de la fourrure devant être conforme aux règles définissant le standard. Chaque année, la liste s'enrichit de nouvelles variétés, fruit du travail et des expériences menées par les sélectionneurs.

Mais revenons aux Siamois et aux Orientaux. Ils se distinguent nettement dès la naissance : le dessin de la fourrure des chatons Orientaux est déjà plus ou moins défini, tandis qu'on

Njumba Ya Tamu, Oriental Noir 29 sb, femelle de 7 mois.

assiste à une véritable métamorphose chez les petits Siamois. Ceux-ci naissent complètement blancs, les marques n'apparaissant que vers sept mois, et parfois même ne survenant d'un seul coup qu'à l'âge d'un an. Cela s'explique. La coloration dépend étroitement de la température : de 39° dans le ventre de la mère, celle-ci devient sensiblement inférieure après l'accouchement. La fourrure des chatons s'obscurcit alors aux extrémités, c'est-à-dire sur les parties les plus exposées au froid.

Les Siamois des pays nordiques, habitués à vivre dehors, ont une couleur marron uniforme, tandis que ceux qui vivent dans des régions plus chaudes restent clairs. Malgré cette inconnue, on peut être sûr d'acquérir un chaton siamois de race en s'adressant à un éleveur sérieux recommandé par la Fédération française féline.

Les chatons qui présentent trop tôt des marques évidentes risquent à

Chatons Siamois Red Point 32a, le troisième à gauche est un Seal Point 24.

l'âge adulte de porter des taches trop foncées pour le standard. En revanche, chez un adulte, des marques trop peu distinctes avec des points plus clairs peuvent signifier qu'il n'est pas en bonne santé ; le même phénomène se vérifie lorsque la fourrure s'obscurcit. Toutefois, n'oubliez pas qu'en vieillissant tous les Siamois foncent légèrement.

LES SIAMOIS

Tous les chats de cette race portent des marques sur les extrémités, excepté le « Foreign White » (l'« Étranger blanc ») qui est entièrement blanc. Les taches sur le nez, les oreilles, les pattes et la queue doivent être évidentes et de couleur uniforme ; de légères nuances unissent les marques du masque et celles des oreilles, sans donner toutefois une impression d'uniformité. Le reste de la fourrure doit être clair, avec un voile plus foncé sur les épaules et sur le postérieur ; la poitrine, le ventre et les parties internes des pattes doivent être extrêmement clairs. Le « Seal Point » fut la première variété de Siamois reconnue, suivie de près par le « Blue Point ».

Seal Point 24

ROBE (CORPS) : beige crème nuancé jusqu'au brun clair.
MARQUES ET NEZ : marron sépia foncé.
COUSSINETS : marron sépia foncé.

Blue Point 24a

ROBE : blanc glace fumé nuancé de bleu foncé.
MARQUES : gris bleuâtre.
NEZ : gris ardoise.
COUSSINETS : gris ardoise.

Chaton Siamois Seal Point 24.

Chocolat Point 24b

ROBE : ivoire.
MARQUES : chocolat au lait.
NEZ : chocolat.
COUSSINETS : de cannelle à chocolat au lait.

Lilac Point 24c

ROBE : blanc magnolia tendant vers le lilas.
MARQUES : grisâtres nuancées de rose.
NEZ ET COUSSINETS : rose lavande.

Deux attitudes de Pescara Chocolate Tina Turner, Siamoise Chocolat Point 24b, femelle de 8 mois.

Red Point 32a

ROBE : blanc laiteux avec de légères nuances abricot.
MARQUES : orange chaud et brillantes.
NEZ : rose.
COUSSINETS : roses.
PARTICULARITÉS : cette variété trouve son origine dans le croisement entre une femelle Seal Point et un mâle Oriental Red Tabby. Sont considérés comme des défauts : une coloration peu marquée sur les pattes ou la présence de petits points sur le nez, les lèvres, les oreilles et les coussinets. On admet de légères striures sur les marques.

En haut : *Orplid's Mangas Colorado, Siamois Red Point 32a, mâle de 21 mois, Champion International.* À droite : *Helga de Baia, Siamoise Lilac Point 24c, femelle de 4 ans, Championne d'Europe.*

De gauche à droite : *Nantjastish, Siamois Red Point 32a, femelle de 8 mois et Orplid's Mangas Colorado, mâle de 21 mois, Champion International.*

Crème Point 32c
ROBE : blanc laiteux.
MARQUES : abricot crème pâle.
NEZ : rose.
COUSSINETS : roses.
PARTICULARITÉS : identiques au 32a.

Seal Tortie Point 32b SP
ROBE : beige avec des nuances rosées.
MARQUES : avec de larges taches claires crèmes et roses.
NEZ ET COUSSINETS : sépia, roses ou à petites taches sépia et roses.
PARTICULARITÉS : femelles uniquement. Une flamme rose sur le visage est très appréciée.

Colombine du de Maine Sacre, Siamoise Seal Tabby Point 32 SP, femelle de 2 ans.
Pages suivantes : *Pepita von Ratna Devi, Siamoise Seal Tortie Point, femelle de 2 ans, Grande Championne.*

Bleu Crème Point 32b BP

ROBE : blanc glace avec des nuances bleu-gris sur le dos.
MARQUES : à taches bleu-gris froid et crème.
NEZ ET COUSSINETS : roses, bleu-gris ou roses et bleu-gris.
PARTICULARITÉS : femelles uniquement.

Chocolat Crème Point 32b CHP

ROBE : ivoire tendant vers le chocolat au lait.
MARQUES : à taches chocolat et roses.
NEZ : chocolat au lait, rose, ou rose avec des taches chocolat au lait.
COUSSINETS : cannelle, roses, ou roses avec des taches cannelle.
PARTICULARITÉS : femelles uniquement.

Lilac Crème Point 32b LP

ROBE : magnolia.
MARQUES : à taches lilas nuancées de crème.
NEZ ET COUSSINETS : rose lavande, roses, ou rose lavande avec du rose pâle.
PARTICULARITÉS : femelles uniquement.

Niota Ya Tamu, Siamoise Seal Tabby Point 32 SP, femelle de 7 mois.

Seal Tabby Point 32 SP
ROBE : beige, si possible sans nuances.
MARQUES : striures sépia évidentes, surtout autour des yeux, du nez et sur la partie antérieure des pattes. La queue doit être régulièrement striée par des anneaux sépia, avec la pointe d'une couleur soutenue.
NEZ : sépia.
COUSSINETS : sépia.

Blue Tabby Point 32 BP
ROBE : blanc glace.
MARQUES : striures bleu-gris.
NEZ : bleu-gris.
COUSSINETS : bleu-gris.

Chocolat Tabby Point 32 CHP
ROBE : ivoire.
MARQUES : chocolat au lait.
NEZ : chocolat au lait.
COUSSINETS : de cannelle à chocolat au lait.

Lilac Tabby Point 32 LP
ROBE : magnolia.
MARQUES : striures lilas.
NEZ : rose lavande.
COUSSINETS : rose lavande.

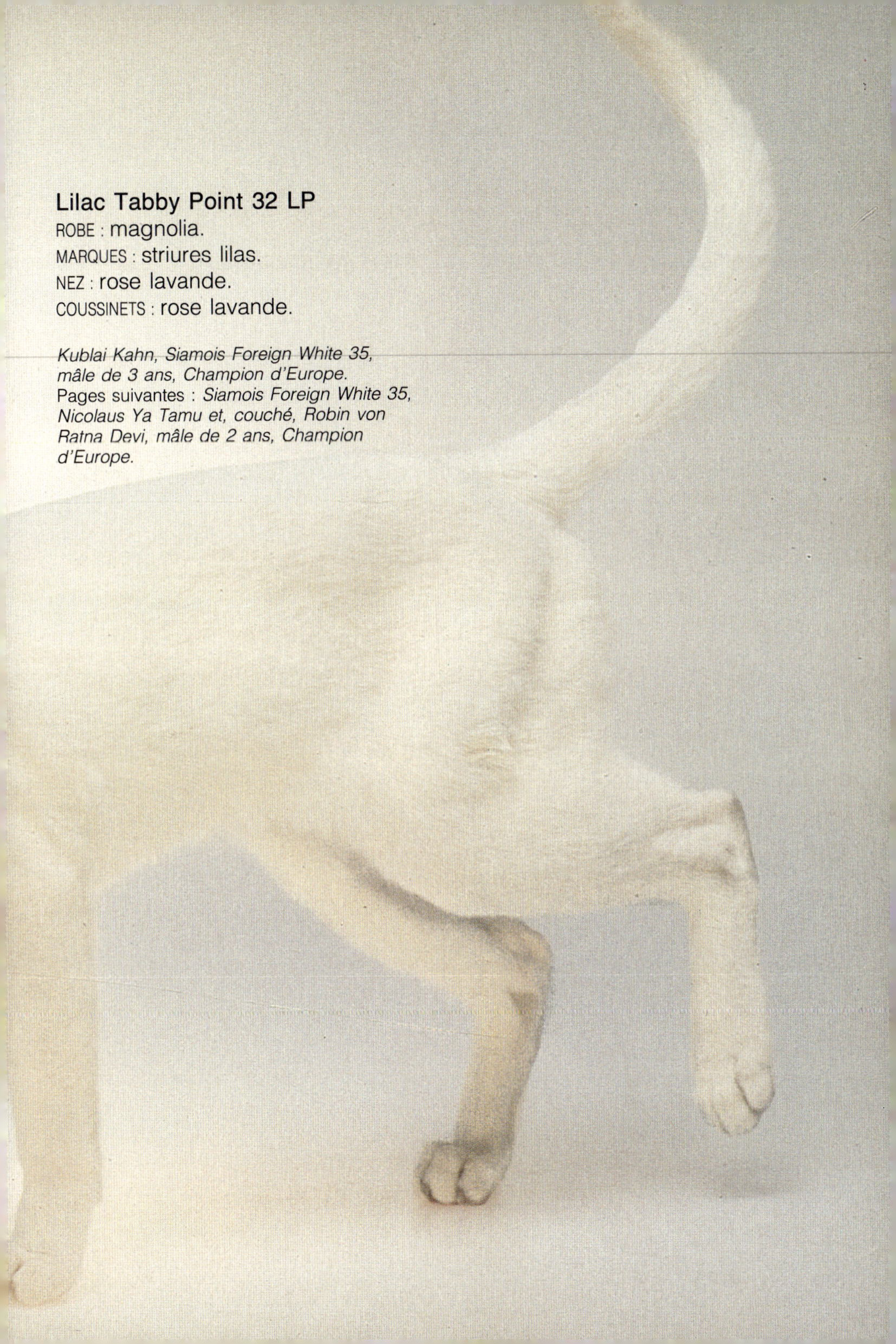

Kublai Kahn, Siamois Foreign White 35, mâle de 3 ans, Champion d'Europe.
Pages suivantes : *Siamois Foreign White 35, Nicolaus Ya Tamu et, couché, Robin von Ratna Devi, mâle de 2 ans, Champion d'Europe.*

Red Tabby Point 32 RP
ROBE : blanc laiteux.
MARQUES : striures rouges ; queue avec des anneaux rouges, terminée par une pointe rouge.
NEZ ET COUSSINETS : roses.
PARTICULARITÉS : les striures tabby doivent être très nettes sur le masque.

Crème Tabby Point 32 CrP
ROBE ET MARQUES : corps blanc crème. La queue est striée de couleur crème avec la pointe crème également. Un crème froid est préférable.
NEZ ET COUSSINETS : roses.
PARTICULARITÉS : les striures tabby doivent être très nettes.

Seal Tortie Tabby Point 32 STP
ROBE : beige.
MARQUES : taches rouge-crème, nuancées de clair et de foncé sur le dessin tabby. Anneaux réguliers sur la queue ; taches sur les oreilles.
NEZ ET COUSSINETS : tachetés.
PARTICULARITÉS : ces chats ressemblent davantage à des tabby qu'à des tortie. Femelles uniquement.

Bleu Crème Tabby Point 32 BTP
ROBE : blanc glace.
MARQUES : identiques au 32 STP.
NEZ : tacheté.
COUSSINETS : tachetés.
PARTICULARITÉS : identiques au 32 STP.

Chocolat Tortie Tabby Point 32
ROBE : ivoire.
MARQUES : identiques au 32 STP.
NEZ ET COUSSINETS : tachetés.
PARTICULARITÉS : identiques au 32 STP.

Lilac Crème Tabby Point 32 LTP
ROBE : magnolia.
MARQUES : identiques au 32 STP.
NEZ ET COUSSINETS : tachetés.
PARTICULARITÉS : identiques au 32 STP.

Foreign White 35
Cette variété est typiquement orientale, mais les spécimens aux yeux bleus ou verts sont cependant classés parmi les Siamois.
ROBE : blanc pur.
NEZ ET COUSSINETS : roses.
PARTICULARITÉS : des points foncés sur le nez, ainsi que les coussinets et les poils noirs sont considérés comme des défauts.

Nezheuka del Calicanto, Siamoise Foreign White 35, femelle de 12 mois.

L'ORIENTAL

Toutes les variétés d'Oriental ont une fourrure très courte et très épaisse. Les moustaches et les sourcils doivent être d'une couleur qui contraste avec celle de la fourrure. Des taches blanches et des yeux pas tout à fait verts sont considérés comme des défauts et influencent très négativement le jugement final lors d'un concours.

Havana (ou Marron) 29

ROBE : elle ne doit pas être trop sombre, mais toutes les nuances chaudes du marron châtain sont acceptées.
NEZ : marron.
COUSSINETS : rose-cannelle.

En dessous et à gauche : *Nike Nova Kartika, Oriental Havana 29, femelle de 11 mois.*

Foreign Blue 29a
ROBE : bleu-gris clair et moyen.
NEZ : bleu-gris.
COUSSINETS : bleu-gris.

Self Lavender 29c
ROBE : lilas nuancé d'une nette gradation rose.
NEZ : rose lavande.
COUSSINETS : rose lavande.

Ebony (Foreign Black) 29sb
ROBE : noir brillant sans nuances, et à partir de la racine du poil.
NEZ : noir.
COUSSINETS : noirs ou sépia.

Red Self 29d
ROBE : orange chaud sans nuances ni striures, excepté sur le front et sur les parties antérieures des pattes où elles sont admises sous une forme légère.
NEZ : rose.
COUSSINETS : roses.
PARTICULARITÉS : les pointes de queue blanches disqualifient des concours; les petits points sur le nez sont considérés comme un défaut.

Seal Tortie 29e
ROBE : les couleurs rouge et noir sont distribuées sur tout le corps en taches claires bien distinctes.
NEZ ET COUSSINETS : noirs, roses ou noirs et roses en taches.
PARTICULARITÉS : il ne doit pas y avoir de dessin tabby là où la fourrure est rouge. Les taches peuvent être petites et grandes, leur distribution importe peu. Une flamme rouge sur le visage est très appréciée.

Crème 29f
ROBE : crème pastel.
NEZ : rose.
COUSSINETS : roses.
PARTICULARITÉ : identique au 29d.

Bleu Crème 29g
ROBE : identique au 29e, avec du bleu-gris et du crème à la place du rouge et du noir.
NEZ ET COUSSINETS : bleu-gris, roses ou bleu-gris et roses en taches.
PARTICULARITÉS : les taches peuvent être petites ou grandes.

Chocolat Tortie 29h
ROBE : identique au 29e, avec du chocolat au lait et du rouge à la place du rouge et du noir.
NEZ : chocolat au lait ou rose, ou un mélange des deux avec des taches.
COUSSINETS : cannelle, roses ou un mélange des deux, tachetés.
PARTICULARITÉ : identique au 29g.

Njumba Ya Tamu, Oriental Noir 29 sb, femelle de 7 mois.

Lavender Crème 29j
ROBE : identique au 29e, mais lilas et crème clair à la place du rouge et du noir.
NEZ ET COUSSINETS : rose lavande ou rose lavande avec du rose en taches.
PARTICULARITÉ : identique au 29g.

Brown Blotched Tabby (classique) 29 S Tb btch
ROBE : la couleur de base est marron doré avec un dessin net d'un noir dense. Un M doit distinctement apparaître sur le front, tandis que sur les joues se discernent deux ou trois taches en forme de spirale. Sur la poitrine figurent deux colliers ininterrompus; le dessin sur les épaules est en forme de papillon. La colonne vertébrale, des épaules à la queue, doit être dessinée d'une unique ligne bien prononcée et se répétant sur chaque flanc, où se distingue une grosse tache cernée de cercles concentriques. Les jambes sont marquées de nombreuses striures sur la partie antérieure, et des anneaux se perçoivent sur la queue.
NEZ : rouge brique cerné de noir.
COUSSINETS : noirs ou marron sépia.
PARTICULARITÉS : le menton ou la pointe de la queue blanche sont considérés comme des défauts.

Blue Blotched Tabby 29 B Tb btch
ROBE : dessin identique à celui du 29 S Tb btch, mais en bleu-gris, sur une couleur de base ivoire.
NEZ : vieux rose cerné de bleu-gris foncé.
COUSSINETS : bleu-gris.

Chocolat Blotched Tabby 29 CH Tb btch
ROBE : dessin identique à celui du 29 S Tb btch, mais en marron chaud, sur un fond sable.
NEZ : vieux rose cerné de marron foncé.
COUSSINETS : de cannelle à chocolat au lait.

Lilac Blotched Tabby 29 L Tb btch
ROBE : dessin identique à celui du 29 S Tb btch, mais en lilas (blanc-gris) avec une nuance rose, sur un fond blanc.
NEZ : rose cerné de rose lavande.
COUSSINETS : rose lavande.

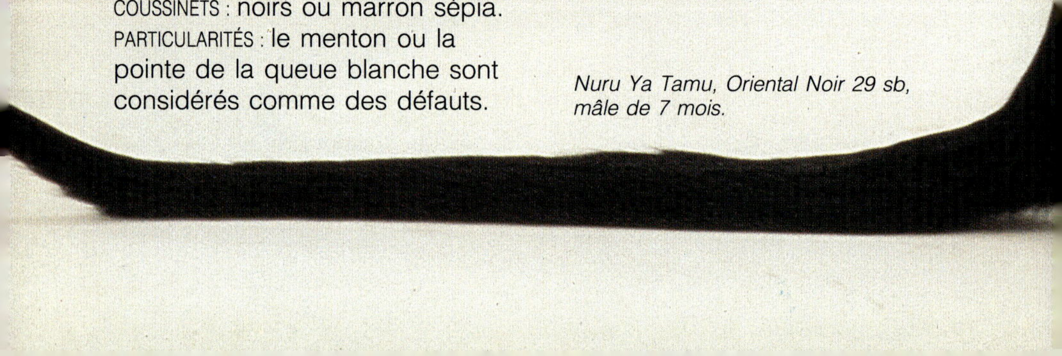

Nuru Ya Tamu, Oriental Noir 29 sb, mâle de 7 mois.

Red Blotched Tabby 29 R Tb btch

ROBE : dessin identique à celui du 29 S Tb btch, mais en rouge foncé, sur un fond orange foncé.
NEZ : rouge brique cerné de rouge foncé.
COUSSINETS : roses.
PARTICULARITÉS : les poils clairs, sur les zones foncées, et les moustaches foncées ainsi que les points sur le nez sont considérés comme des défauts.

Crème Blotched Tabby 29 Cr Tb btch

ROBE : dessin identique à celui du 29 S Tb btch, mais en crème foncé sur fond crème clair.
NEZ : rose cerné de rose foncé.
COUSSINETS : roses.
PARTICULARITÉS : identiques au 29 R Tb btch.

Nuru Ya Tamu, Oriental Noir 29 sb.

Brown Mackerel Tabby 29 S Tb tig

ROBE : la couleur de base est un marron or à chaude tonalité; le dessin est noir. Un M clair doit apparaître sur le front, tandis que sur les joues doivent se distinguer deux ou trois taches en forme de spirale. Deux colliers parallèles et ininterrompus s'observent sur la poitrine. De nombreuses lignes verticales descendent de la colonne vertébrale, le long des flancs jusqu'à l'estomac. Les jambes doivent posséder des striures régulières sur les parties antérieures, tandis que la queue est marquée par de nombreux anneaux. Une ligne ininterrompue court de la tête jusqu'à l'extrémité de la queue.

NEZ : rouge brique cerné de noir.

COUSSINETS : noirs ou sépia tendant vers le marron.

PARTICULARITÉS : un menton ou une extrémité de queue trop clairs sont considérés comme des défauts.

Nuru Ya Tamu, Oriental Noir 29 sb.

Blue Mackerel Tabby 29 B Tb tig

ROBE : dessin identique à celui du 29 S Tb tig, mais en bleu-gris foncé sur un fond ivoire.
NEZ : vieux rose cerné de bleu-gris.
COUSSINETS : bleu-gris.

Deoris vol Delos, Oriental Noir 29 sb, femelle de 20 mois, Championne d'Europe.

Chocolat Mackerel Tabby 29 CH Tb tig
ROBE : dessin identique à celui du 29 S Tb tig, en marron chaud sur fond sable.
NEZ : vieux rose cerné de marron foncé.
COUSSINETS : de cannelle à chocolat au lait.

Lilac Mackerel Tabby 29 L Tb tig
ROBE : dessin identique à celui du 29 S Tb tig, mais en lilas sur fond blanc magnolia.
NEZ : rose cerné de rose lavande.
COUSSINETS : rose lavande.

Red Mackerel Tabby 29 R Tb tig
ROBE : dessin identique à celui du 29 S Tb tig, en rouge foncé sur fond rouge orangé.
NEZ : rouge brique cerné de rouge foncé.
COUSSINETS : roses.
PARTICULARITÉS : des points sur le nez, l'extrémité de la queue blanche ou des poils blancs éparpillés sur les dessins sont considérés comme des défauts.

Crème Mackerel Tabby 29 Cr Tb tig
ROBE : dessin identique à celui du 29 S Tb tig, mais en crème foncé sur fond crème pâle.
NEZ : rose cerné de rose foncé.
COUSSINETS : roses.
PARTICULARITÉS : identiques au 29 R Tb tig.

Brown Spotted Tabby 29 S Tb sp
ROBE : la couleur de base est un marron chaud doré, le dessin devant être d'un noir pur. Tout le corps et les jambes sont parsemés de petites taches rondes ou ovales. Les mouchetures doivent être les plus diffuses possibles, pourvu qu'elles soient bien dessinées et uniformes. Un M doit distinctement apparaître sur le front, ainsi que des spirales sur les joues et des anneaux sur la queue.
NEZ : rouge brique cerné de noir.
COUSSINETS : noirs ou sépia.
PARTICULARITÉS : le menton ou l'extrémité de la queue clairs ou blancs sont considérés comme des défauts.

Blue Spotted Tabby 29 B Tb sp
ROBE : dessin identique à celui du 29 S Tb sp, en bleu-gris foncé sur fond ivoire avec une légère nuance bleu-gris.
NEZ : vieux rose cerné de bleu-gris.
COUSSINETS : bleu-gris.

Chocolat Spotted Tabby 29 CH Tb sp
ROBE : dessin identique à celui du 29 S Tb sp, en marron chaud sur fond sable.

NEZ : vieux rose cerné de marron foncé.
COUSSINETS : de cannelle à chocolat au lait.

Lilac Spotted Tabby 29 L Tb sp
ROBE : dessin identique à celui du 29 S Tb sp, en lilas sur fond blanc magnolia.
NEZ : rose cerné de rose lavande.
COUSSINETS : rose lavande.

Red Spotted Tabby 29 R Tb sp
ROBE : dessin identique à celui du 29 S Tb sp, en rouge foncé sur fond orange chaud.
NEZ : rouge brique cerné de rouge foncé.
COUSSINETS : roses.
PARTICULARITÉS : les moustaches noires, les points sur le nez, des poils blancs sur les parties foncées ou une extrémité de queue blanche sont considérés comme des défauts.

Crème Spotted Tabby 29 Cr Tb sp
ROBE : dessin identique à celui du 29 S Tb sp, en crème foncé sur fond crème clair.
NEZ : rose cerné de rose foncé.
COUSSINETS : roses.

Black Silver Blotched Tabby 29 S Sv Tb btch
ROBE : dessin identique à celui du 29 S Tb btch, en noir sur fond argent.
NEZ : rouge brique cerné de noir.
COUSSINETS : noirs ou marron tendant vers le sépia.
PARTICULARITÉS : le poil de la plante des pieds est noir. Toutes les nuances marron sont considérées comme des défauts.

Blue Silver Blotched Tabby 29 B Sv Tb btch
ROBE : dessin identique à celui du 29 S Tb btch, en bleu-gris sur fond argent.
NEZ : rouge brique cerné de bleu-gris foncé.
COUSSINETS : bleu-gris.

Chocolat Silver Blotched Tabby 29 CH Sv Tb btch
ROBE : dessin identique à celui du 29 S Tb btch, en marron foncé sur fond argent.
NEZ : rouge brique cerné de chocolat au lait.
COUSSINETS : de cannelle à chocolat au lait.

Nghina Ya Tamu, Oriental Chocolat Spotted Tabby 29 CH Tb sp, femelle de 7 mois.

Lilac Silver Blotched Tabby 29 L Sv Tb tig

ROBE : dessin identique à celui du 29 S Tb btch, en lilas foncé sur fond argent.
NEZ : rose cerné de rose lavande.
COUSSINETS : rose lavande.

Black Silver Mackerel Tabby 29 S Sv Tb tig

ROBE : dessin identique à celui du 29 S Tb tig, en noir sur fond argent.
NEZ : rouge brique cerné de noir.
COUSSINETS : noirs ou marron tendant vers le sépia.
PARTICULARITÉ : toute nuance marron est considérée comme un défaut.

Blue Silver Mackerel Tabby 29 B Sv Tb tig

ROBE : dessin identique à celui du 29 S Tb tig, en bleu-gris sur fond argent.
NEZ : rouge brique cerné de bleu-gris foncé.
COUSSINETS : bleu-gris.

À gauche et page de droite : *Blue Empress von Avathar, Oriental Bleu 29a, femelle de 7 mois.*

Chocolat Silver Mackerel Tabby 29 CH Sv Tb tig
ROBE : dessin identique à celui du 29 S Tb tig, en marron foncé sur fond argent.
NEZ : vieux rose cerné de marron foncé.
COUSSINETS : de cannelle à chocolat.

Lilac Silver Mackerel Tabby 29 L Sv Tb tig
ROBE : dessin identique à celui du 29 S Tb tig, en lilas foncé sur fond argent.
NEZ : rose cerné de rose lavande.
COUSSINETS : rose lavande.

Black Silver Spotted Tabby 29 S Sv Tb sp
ROBE : dessin identique à celui du 29 S Tb sp, en noir sur fond argent.
NEZ : rouge brique cerné de noir.
COUSSINETS : noirs ou marron sépia.
PARTICULARITÉS : identiques au 29 S Tb sp.

Blue Silver Spotted Tabby 29 B Sv Tb sp
ROBE : dessin identique à celui du 29 S Tb sp, en bleu-gris foncé sur fond argent.
NEZ : rouge brique cerné de bleu-gris foncé.
COUSSINETS : bleu-gris.

Chocolat Silver Spotted Tabby 29 CH Sv Tb sp

ROBE : dessin identique à celui du 29 S Tb sp, en marron foncé sur fond argent.
NEZ : vieux rose cerné de marron foncé.
COUSSINETS : de cannelle à chocolat au lait.

Lilac Silver Spotted Tabby 29 L Sv Tb sp

ROBE : dessin identique à celui du 29 S Tb sp, en lilas foncé sur fond argent.
NEZ : rose cerné de rose lavande.
COUSSINETS : rose lavande.

Blue Empress von Avathar, Oriental Bleu 29a.

Seal Ticked Tabby 29 S TT

ROBE : la couleur de base est d'un marron doré chaud tandis que le dessin est d'un noir pur. Tout le corps doit être tacheté uniformément sauf le long de la colonne vertébrale où la nuance

est davantage foncée. Mais sur la tête, la queue et les pattes figurent les dessins tabby classiques : le M sur le front doit être bien marqué, tout comme les spirales sur les joues, les anneaux sur la queue et les striures sur les parties antérieures des pattes.
NEZ : rouge brique cerné de noir.
COUSSINETS : noirs ou sépia.
PARTICULARITÉS : l'extrémité de la queue ou le menton blancs sont considérés comme des défauts.

Blue Ticked Tabby 29 B TT

ROBE : identique à celle du 29 S TT, en bleu-gris foncé sur fond ivoire nuancé de bleu-gris.
NEZ : vieux rose cerné de bleu-gris.
COUSSINETS : bleu-gris.

Chocolat Ticked Tabby 29 CH TT

ROBE : dessin identique à celui du 29 S TT, en marron chaud sur fond sable.
NEZ : vieux rose cerné de marron foncé.
COUSSINETS : de cannelle à chocolat.

Lilac Ticked Tabby 29 L TT

ROBE : dessin identique à celui du 29 S TT, en lilas sur fond blanc magnolia.
NEZ : rose cerné de rose lavande.
COUSSINETS : rose lavande.

Red Ticked Tabby 29 R TT

ROBE : dessin identique à celui du 29 S TT, en rouge foncé sur fond orange chaud.
NEZ : rouge brique cerné de rouge foncé.
COUSSINETS : roses.
PARTICULARITÉS : les moustaches noires, les points sur le nez, les poils blancs sur les parties foncées et la pointe de la queue blanche sont considérés comme des défauts.

Crème Ticked Tabby 29 Cr TT

ROBE : dessin identique à celui du 29 S TT, en crème foncé sur fond crème clair.
NEZ : rose cerné de rose foncé.
COUSSINETS : roses.

Black Silver Ticked Tabby 29 S Sv TT

ROBE : dessin identique à celui du 29 S TT, en noir sur fond argent.
NEZ : rouge brique cerné de noir.
COUSSINETS : noirs ou marron sépia.
PARTICULARITÉS : voir le 29 S TT.

Blue Silver Ticked Tabby 29 B Sv TT

ROBE : dessin identique à celui du 29 S TT, en bleu-gris sur fond argent.
NEZ : rouge brique cerné de bleu-gris foncé.
COUSSINETS : bleu-gris.

Chocolat Silver Ticked Tabby 29 CH Sv TT

NEZ : dessin identique à celui du 29 S TT, en marron foncé sur fond argent.
NEZ : vieux rose cerné de marron foncé.
COUSSINETS : de cannelle à chocolat.

Lilac Silver Ticked Tabby 29 L Sv TT

ROBE : dessin identique à celui du 29 S TT, en lilas foncé sur fond argent.
NEZ : rose cerné de rose lavande.
COUSSINETS : rose lavande.

Black Tortie Silver Ticked Tabby 29e Sv TT

ROBE : fond argent, pointe des poils noire ou rouge avec un dessin identique à celui du 29 S TT; les taches rouges sont bien marquées et uniformément réparties.
NEZ ET COUSSINETS : noirs, roses ou noirs et roses en taches.
PARTICULARITÉS : une flamme rouge sur le visage est particulièrement appréciée.

Bleu-Crème Silver Ticked Tabby 29g Sv TT

ROBE : identique au 29e Sv TT, mais avec du bleu à la place du noir et du crème à la place du rouge.
NEZ ET COUSSINETS : bleu-gris, roses ou bleu-gris et roses en taches.

Blue Empress von Avathar, Oriental Bleu 29a.

Chocolat Tortie Silver Ticked Tabby 29h Sv TT

ROBE : identique au 29e Sv TT, avec du chocolat au lait et du rouge à la place du noir et du rouge.
NEZ : chocolat au lait ou rose avec des taches des deux couleurs.
COUSSINETS : cannelle ou roses, ou un mélange des deux avec taches.

Lilac Crème Silver Ticked Tabby 29j Sv TT

ROBE : identique au 29e Sv TT, avec du lilas et du crème clair à la place du rouge et du noir.
NEZ ET COUSSINETS : rose lavande, roses ou lavande à taches roses.

Black Smoke 29sb sm

ROBE : noire, avec un sous-poil blanc argent apparaissant à travers le poil. Couleur argent autour des yeux et à la base des vibrisses.
NEZ ET COUSSINETS : noirs ou sépia.

Blue Smoke 29a sm

ROBE : bleu-gris clair, avec un sous-poil argent. Couleur argent autour des yeux et à la base des vibrisses.
NEZ ET COUSSINETS : bleu-gris ou bleu-gris avec des reflets roses.

Havana Smoke 29 sm

ROBE : toutes les nuances de brun marron chaud, de préférence brun clair, avec un sous-poil argent apparaissant à travers le poil.
NEZ : marron.
COUSSINETS : cannelle.

Lilac Smoke 29c sm

ROBE : couleur lilas pâle, avec des nuances roses; sous-poil argent apparaissant à travers le poil. Couleur argent autour des yeux et à la base des vibrisses.
NEZ ET COUSSINETS : rose lavande ou rose pâle.

Blue Empress von Avathar, Oriental Bleu 29a.
Pages suivantes, de gauche à droite :
Nicolaus Ya Tamu, Siamois Foreign White 35; Niota Ya Tamu, Siamoise Seal Tabby Point 32 SP, femelle de 7 mois; Pepita von Ratna Devi, Siamoise Seal Tortie Point 32b SP, femelle de 2 ans, Grande Championne; Njiwa Ya Tamu, Siamoise Chocolat Point, femelle de 7 mois.

Le Siamois est-il fait pour vous?

Extrêmement agile, exubérant, curieux, le Siamois est un véritable concentré de vitalité. Il ne se contente cependant pas de s'agiter, car c'est l'un des chats les plus communicatifs qui soient. Il sait miauler dans une gamme de tons très étendue que son maître apprend bien vite à interpréter. Le Siamois se rapproche un peu du chien; c'est d'ailleurs la seule race féline – avec l'Oriental – qui supporte le collier et la laisse pour accompagner son maître.

Son habileté à rapporter est un autre trait commun avec son éternel ennemi : si vous le dressez avec constance et douceur, il peut devenir un excellent rapporteur... de billes, bien sûr! Sa vitalité est communicative; il a coutume de « fêter » son maître et de l'accueillir à son retour avec un concert de miaulements et un ballet de câlins – alors que la plupart de ses cousins de race continueraient tranquillement de ronfler... sauf s'ils ont faim.

Les Siamois et les Orientaux sont des chats intelligents, et de parfaits compagnons si l'on sait apprécier leur nature impétueuse; toutefois, si l'on est plutôt nerveux ou impatient, la vie commune peut devenir très difficile.

Bien que ces deux races aient été considérablement modifiées par la sélection, ayant accentué leur ligne sèche et élégante, il ne faut pas oublier qu'il s'agit de vrais minous. Eux aussi apprécient le confort de la vie d'intérieur, et notamment la chaleur : leurs origines asiatiques et leur pelage court les rendent très sensibles au froid, même si, de génération en génération, ils se sont endurcis et habitués à vivre jusque dans les climats rigoureux des pays nordiques.

Lorsqu'ils sont bien au chaud, ils ne rêvent que de fuir au-dehors, grimper aux arbres et se lancer dans des courses folles... À défaut de jardin, ils se contentent des rideaux!

Ce ne sont pas pour autant des démolisseurs : leur constitution souple et élégante les empêche d'occasionner des dommages vraiment graves – rideaux mis à part. Le futur maître doit cependant savoir qu'il s'agit d'un chat très vif, en particulier durant les premières années de sa vie. C'est d'ailleurs ce qui le rend si intéressant et séduisant.

Il est d'un naturel curieux, et chaque nouveauté l'attire. Si un inconnu apparaît à la maison, il lui saute sur les genoux, moins pour en faire son ami que pour vérifier s'il est à son goût, et pour participer activement à la vie de famille.

Ce chat est également très possessif avec ses maîtres, et tout spécialement avec le membre de la famille auquel il choisit de se lier par une affection toute particulière. C'est aussi l'une des caractéristiques

No No Nanette, Siamoise Seal Tortie Point 32b SP, femelle de 14 mois avec ses petits.

Deux petits de No No Nanette; Siamois Seal Point 24; à droite : *Siamois Red Point 32a.*

qui le distinguent des autres races.

Votre Siamois, ou votre Oriental, n'aime pas rester seul trop longtemps ; il adore que l'on s'occupe de lui. Il accepte la présence d'un de ses semblables à condition qu'il s'agisse d'un vieil ami avec qui il a grandi. Il s'entend très bien avec les enfants et joue volontiers avec eux, en faisant preuve de beaucoup d'imagination : une boîte de carton ou un couvercle suffisent pour exciter sa fantaisie et sa vivacité. Puis, apaisé et conscient de sa beauté, il prend la pose et contrôle, immobile, ce qui se passe autour de lui.

Lorsqu'on le provoque sérieusement, il n'est pas long à réagir ; en bon félin, d'abord avec ses griffes, puis, s'il devient féroce, en se lançant à l'attaque. Il peut alors devenir dangereux ; c'est au maître et aux membres de la famille – grands et petits – d'interpréter son humeur d'après ses miaulements, son souffle, la position de son corps et de ses oreilles, le mouvement de sa queue.

En revanche, c'est un chat facile à élever, très propre et qui apprend bien vite ce qui est permis et ce qui est interdit. En vrai chat, il occupe tout l'espace de la maison, sans choisir un lieu en particulier. Toutefois, lorsqu'il veut se relaxer et ronfler en paix, il choisit certains coins tranquilles où il pourra récupérer toute l'énergie dépensée.

Comment choisir votre Siamois

Si, chez un chat, vous appréciez une beauté royale, un tempérament vif et possessif, une personnalité marquée, alors votre choix se portera sur un Siamois ou un Oriental.

En ce qui concerne le Siamois, même si les variétés sélectionnées ne cessent d'augmenter, les différences entre les types de fourrure sont minimes. En fait, elles se limitent à des nuances de couleur et des taches autour du masque, de la pointe des oreilles, de la queue et des pattes. Sur le reste du corps, la couleur ne varie que d'un blanc glace à un crème chaud (voir Siamois p. 14). La gamme de couleurs de l'Oriental est, quant à elle, bien plus étendue (voir Oriental p. 35) ; vous avez donc l'embarras du choix.

Il faut cependant prendre garde à ne pas confondre un vrai Siamois avec un chat quelconque présentant une fourrure de « type siamois » : 80 % des « Siamois » vendus dans le commerce sont en réalité des chats communs, pour la plupart très beaux mais ne pouvant pas se prévaloir d'un arbre généalogique convenable.

Si vous ne voulez pas vous tromper et désirez être sûr de son état de santé, consultez la Fédération française féline ou la Société centrale féline de France, qui sauront vous indiquer un bon éleveur spécialisé.

Quant à l'Oriental, étant donné que la race est encore très peu diffusée en Europe, il est indispensable de s'adresser à un éleveur qui garantira ses origines.

Les Siamois et les Orientaux sont très prolifiques. Il est donc aisé de trouver des chatons toute l'année : rappelez-vous pourtant que dans les régions où l'hiver est long et rigoureux, les petits nés au printemps ou en été sont davantage robustes.

Pour distinguer un sujet sain d'un malade, les indices sont les mêmes pour tous les chats : les yeux, le nez, les oreilles et le postérieur doivent être propres et secs. La peau, que l'on aperçoit en soufflant sur la fourrure, doit être claire, et il ne doit pas y avoir de taches sans poils. De plus, les gencives et le palais doivent être rosés, jamais blancs ou excessivement rouges.

Inutile de dire que dans une race aussi active, un petit somnolant et faible doit être considéré comme suspect.

Avec le pedigree, où figure la lignée dont votre chat est issu, l'éleveur doit vous délivrer le transfert de propriété ainsi que le certificat de vaccination contre la gastro-entérite et la rhinotrachéite infectieuse, à renouveler chaque année.

No No Nanette, Siamoise Seal Tortie Point de 14 mois allaitant ses petits.
Pages suivantes : *gros plan des petits.*

Un chat ne peut être vacciné que s'il est en parfaite santé et déjà âgé de deux mois.

Les petits des deux races sont particulièrement excités durant la première année de leur vie; il est toutefois conseillé d'adopter un chaton de quelques mois, avec lequel on pourra rapidement instaurer ce rapport exclusif d'amitié si caractéristique de ces races. Avec un sujet plus âgé, une bonne dose de diplomatie et de patience sera nécessaire, et la conquête réciproque ne se fera que progressivement.

Une autre question se pose à propos du choix : mâle ou femelle? Les deux sexes, et en particulier les femelles, deviennent plus turbulents durant la période des amours et miaulent avec davantage d'insistance. Mais il n'existe pas de différence substantielle entre leurs caractères; il convient donc que vous sachiez si vous souhaitez les faire se reproduire ou non.

Si vous n'avez aucune intention de devenir éleveur, choisissez plutôt un mâle. Vous lui trouverez de temps en temps une femelle de la même lignée, ou bien vous le laisserez libre de son choix.

Si, dès le départ, vous excluez la possibilité de l'accoupler, il est préférable de le faire stériliser. La même chose vaut pour les femelles. Si vous avez l'intention de participer à des concours, il faut savoir qu'il existe la classe des neutres, réservée aux sujets castrés.

Deoris vol Delos, Oriental Noir 29 sb, femelle de 20 mois, Championne d'Europe.

Si, au contraire, vous avez l'intention d'accoupler votre chat, vous devez absolument choisir une femelle pourvue d'un pedigree impeccable : c'est la condition sine qua non pour réussir à vendre les chatons et avoir une chance de remporter un succès dans les expositions spécialisées.

Comment l'accueillir et l'éduquer

Ce sont des chats très turbulents, bien qu'ils soient également joyeux, doux et intelligents. Avec le temps, ils deviendront obéissants et tranquilles. Mais, au début, les chatons sont indisciplinés et il est bien difficile de les faire tenir en place sans devenir fou.

Votre Siamois est un chat extrêmement propre. Il lèche souvent sa belle fourrure, qui, étant courte et épaisse, n'exige aucun soin particulier de votre part. Toujours grâce à sa propreté, il apprend vite à faire dans sa litière.

Il est donc préférable que son maître soit, lui aussi, très ordonné. Trouvez-lui un coin de la maison pour ses écuelles d'eau et de nourriture, et tâchez de maintenir un horaire fixe pour ses repas. Rappelez-vous qu'il

faut changer l'eau souvent. La litière aussi doit avoir une place fixe ; si vous la placez sur un balcon, le chat doit pouvoir y accéder par une chatière et vous devez la rentrer dès les premiers froids. Le Siamois et l'Oriental craignent plus que tout les écarts de température.

Vous constaterez bien vite que votre chat adore rester au chaud et qu'il affectionne les lieux proches d'une source de chaleur : vos genoux, une cheminée, un radiateur. À ce propos, il faut décourager avec fermeté sa tendance à ronfler sur le radiateur, même si vous avez l'impression de le priver d'un grand plaisir. Empêchez-le d'y monter en y posant des objets encombrants et soyez intransigeants, même si votre chat pousse des gémissements déchirants : en effet, l'air chaud et sec déshydrate sa peau, pouvant ainsi provoquer des crises d'asthme. Ce petit frileux pourra toujours se consoler avec une couverture ou un vieux tricot...

Dès le premier jour, il est important qu'il possède son propre coin avec une corbeille, un coussin ou une couverture où il puisse se sentir au chaud et bien protégé. Comme il souffre, au début, de l'absence de sa mère et de ses frères et sœurs, il vaut mieux ne pas le laisser seul.

Éventuellement, déposez une bouillotte d'eau tiède dans son panier. Et la première nuit, au moins, installez aussi une horloge à proximité : son bruit régulier lui rappellera les battements du cœur de sa mère et il se sentira ainsi moins abandonné.

Après une semaine, il se sentira en confiance dans sa nouvelle maison et choisira lui-même son refuge préféré.

Avec de la patience, vous réussirez pratiquement à tout obtenir de lui, même si son exubérance semble difficile à contenir : il se servira de sa planche à griffes plutôt que du canapé, et il ne grimpera plus aux rideaux ni sur votre lit. Parlez-lui beaucoup et n'hésitez pas à le récompenser avec des caresses et de délicieuses croquettes. Plus vous le ferez jouer, et donc plus vous le fatiguerez, moins il fera de bêtises. L'activité ludique est indispensable au bon équilibre psychologique d'un jeune animal, et si votre chat n'a pas l'occasion de jouer avec ses semblables, vous devez tenir leur rôle de temps à autre.

On peut essayer d'inculquer les bonnes manières aux plus récalcitrants en utilisant les produits attractifs et répulsifs proposés dans les magasins animaliers. Peu à peu, le jeune chat participera avec beaucoup d'intérêt à l'activité domestique, y compris, bien entendu, celle de la cuisine. N'oubliez pas que malgré son allure sophistiquée, il s'agit d'un voleur sans scrupules : dès qu'il en a l'occasion, par curiosité ou par gourmandise, il pointe son élégant museau. Il faut ainsi prendre garde aux fourneaux, comme aux autres « dangers » de la maison. Débordant de vitalité et de fantaisie, toujours prêt à s'élancer derrière une mouche qui vole, votre Siamois ne fait pas attention aux obstacles !

L'alimentation

Avec son maintien impeccable et son air noble, il n'a pas l'air d'un glouton, et encore moins d'un voleur. Pourtant, son activité inlassable l'amène souvent à fréquenter la cuisine pour reprendre des forces. Aussi, prenez garde : le corps des Siamois et des Orientaux est naturellement si fin que les « excès de table » s'avèrent une sérieuse menace pour leur beauté.

Njiwa Ya Tamu, Siamoise Chocolat Point 24b, femelle de 7 mois (au premier plan), *Nghina Ya Tamu, Oriental Chocolat Spotted Tabby 29 CH Tb sp, femelle de 7 mois, et Nicolaus Ya Tamu, Siamois Foreign White 35, mâle de 14 mois, Champion International.*

Les sujets présentés à des expositions, notamment, doivent se soumettre à un régime très strict afin de ne pas perdre l'aspect caractéristique de la race.

Il convient de faire particulièrement attention aux chats castrés, qui ont une fâcheuse tendance à grossir ; en revanche, on peut doubler la ration des femelles qui allaitent.

Le Siamois goûte volontiers à tout. Il apprécie les nouveautés, mais il est également capricieux. Il est recommandé de ne pas lui donner trop de viande : à la longue, cela peut ternir son pelage. Il faut en tout cas lui offrir une alimentation très variée, à base de céréales, de légumes cuits et, le plus souvent possible, de poissons. Le poulet comme le poisson doivent être cuits. De temps en temps, vous pouvez lui donner quelques petits morceaux de viande de bœuf crue, à condition que celle-ci soit très fraîche.

Durant la période de sevrage, il est recommandé d'ajouter dans la pâtée du chaton des vitamines conseillées par le vétérinaire. Normalement, sont conseillés cinq repas par jour au début, puis trois après six mois et enfin, à l'âge adulte, un repas le matin et un autre le soir, si possible aux mêmes heures.

Nantjastish, Siamoise Red Point 32a, femelle de 8 mois.

Au nom de sa beauté, mais aussi de sa santé, il faut lui interdire absolument le sucre, les épices et la viande de porc.

Les premiers signes d'une alimentation incomplète ou inappropriée sont une fourrure peu brillante, une peau sèche qui pèle, des yeux voilés, un nez sec et chaud, des griffes qui s'effritent ou des urines trop malodorantes.

Certains sujets, même lorsqu'ils sont encore petits, ne supportent ni le lait ni les produits laitiers en général; il convient alors de consulter le vétérinaire. Celui-ci vous indiquera le complément indispensable à ajouter à son alimentation.

Un dernier conseil : les Siamois et les Orientaux sont très attentifs à ce qui se passe autour d'eux, il est donc conseillé de les laisser tranquilles lorsqu'ils mangent – sinon, ils risqueraient de se laisser distraire et d'oublier la nourriture!

Comme ils ont le poil court, fort heureusement, il ne se produit pas d'occlusions intestinales comme chez les chats à poil long. Il est néanmoins conseillé de mettre à leur disposition un petit vase avec de l'herbe et d'ajouter de temps en temps une cuillerée d'huile d'olive à leur pâtée.

L'hygiène

C'est un chat extrêmement propre, qui se lèche souvent le poil. Celui-ci ne nécessite donc aucun soin particulier. Il est seulement recommandé de le brosser énergiquement deux fois par semaine, puis de passer sur sa fourrure un morceau de tissu doux (non synthétique, pour ne pas l'électriser) : par exemple une de ces peaux de chamois employées pour essuyer les voitures – mais choisissez un seul usage : soit la voiture, soit le chat!

Ce traitement doit devenir quotidien en période de mue. Mais attention : n'éliminez pas trop de sous-poil, car celui-ci assure une fonction thermique protectrice. Il convient de nettoyer les oreilles chaque semaine avec un coton tige afin d'extraire le cérumen et la poussière qui se déposent si facilement dans leur ample pavillon. Il faut en profiter pour contrôler la présence éventuelle de parasites.

Normalement, les griffes doivent être limées une ou deux fois par mois. Le bain n'a de sens que si le chat vagabonde sur les toits, où il est si facile de se salir, ou encore s'il est d'une couleur très claire. Dans ce cas, utilisez des produits spécifiques pour chats, neutres et sans parfum. Évitez l'emploi des sprays ou des poudres qui irritent les voies respiratoires.

Les Siamois, frileux de nature, aiment se prélasser au soleil. Cependant, beaucoup de maîtres craignent que la couleur de leur fourrure ne s'altère, et privent leur ami de ce plaisir pourtant très salutaire, car les rayons du soleil suscitent un apport de vitamines. En fait, il faudrait seulement éviter une longue exposition aux chats noirs ou d'un blanc très pur, car ils prendraient respectivement des nuances jaunâtres et rougeâtres.

Si votre chat a la permission et la chance de se promener sur les toits et dans les cours, il faut alors le défendre contre l'assaut des puces en lui appliquant un collier antiparasite. Mais ne le serrez pas trop, car vous pourriez le gêner et abîmer son poil. Il ne faut pas non plus qu'il soit trop lâche, car il pourrait alors s'accrocher à des branches ou à des morceaux de ferraille.

La santé

Bien qu'il soit d'une constitution fragile, surtout dans les climats froids, ce chat vit longtemps. Il atteint souvent l'âge de quinze ans, sans parler des heureux qui parviennent à l'âge vénérable de vingt ans.

Pepita von Ratna Devi, Siamoise Seal Tortie Point 32b SP, femelle de 2 ans, Grande Championne (au premier plan), *avec Nghina Ya Tamu, Chocolat Spotted Tabby 29 CH Tb sp, femelle de 7 mois.*

Très expressif, il sera le premier à vous faire comprendre qu'il est malade. Le refus de manger, toutes les formes d'apathie et les changements d'habitude sont des signes alarmants à prendre très au sérieux. Avant tout, il faut lui donner la possibilité de s'acclimater tout seul à la température; s'il sort, il doit pouvoir rentrer dès qu'il le souhaite.

Il n'existe pas de maladies spécifiques à cette race, mais il faut prêter attention à deux pathologies très graves : la leucose féline et la péritonite infectieuse, très contagieuses entre chats mais non transmissibles à l'homme ni à d'autres animaux. Pour éviter ces maladies incurables – il n'existe pas de vaccin contre la péritonite – il convient de prendre quelques précautions. Avant tout, il est conseillé au moment de l'acquisition de demander à l'éleveur le certificat prouvant que le chat n'a ni l'une ni l'autre; celui-ci doit être renouvelé tous les six mois.

En second lieu, si votre chat va se promener tout seul, il est recommandé d'effectuer un test, en particulier s'il fréquente des lieux où se trouvent de nombreux chats errants.

La leucose se manifeste par le grossissement des nodules lymphatiques (des petites glandes distribuées dans tout le corps), l'inappétence et l'amaigrissement. La péritonite, quant à elle, donne lieu à un gonflement important de l'abdomen, dû à un trop plein de liquide, à l'inappétence et à l'amaigrissement. À l'apparition de ces symptômes, il n'y a malheureusement plus rien à faire.

Quant au strabisme, auquel nous avons fait allusion en début d'ouvrage, il ne s'agit pas d'une maladie mais d'une imperfection du fonctionnement des centres nerveux. Un gène siamois est en fait responsable d'un défaut des nerfs optiques, qui transmettent les impulsions des yeux au cerveau en dédoublant l'image que ce dernier produit. Pour compenser, le chat développe alors un strabisme lui permettant de voir une image simple, sans dédoublement. Ces sujets sont disqualifiés dans les concours et ne doivent pas procréer, afin d'éviter de transmettre le défaut à leurs descendants.

L'élevage

Les Siamois et les Orientaux sont des races plus prolifiques que les autres. Le mâle et la femelle atteignent la maturité sexuelle très tôt : certains dès quatre mois. Il n'est pas conseillé pour autant de les accoupler avant l'âge d'un an et demi, moment où ils achèvent leur croissance. Ce délai est vital pour les femelles, dont le bassin très étroit ne permet la reproduction qu'une fois pleinement développée.

Si vous possédez un couple de chats et si vous constatez une escapade amoureuse imprévue, il faut immédiatement faire intervenir le vétérinaire.

Ramses von der Spitzleithe, Oriental Bleu 29a, mâle de 20 mois, Champion d'Europe.

Ceux qui possèdent un seul chat, mâle ou femelle, peuvent s'adresser à la Fédération française féline pour obtenir des adresses de propriétaires et choisir ainsi un mari ou une épouse pour leur protégé. Sinon, on peut faire des rencontres lors des expositions spécialisées. Pour le Siamois, le gène qui transmet les couleurs (point) est récessif; pour obtenir de vrais spécimens de la race, il est donc nécessaire que les deux parents en soient porteurs.

Ainsi, selon les coloris de la mère et du père, on obtiendra des petits d'une seule variété ou de plusieurs, mais qui correspondent tous à un tableau génétique bien précis.

Les femelles de cette race sont d'ordinaire autosuffisantes et rencontrent rarement de problèmes lors de l'accouchement, sauf ceux liés à l'étroitesse du bassin.

Il naît en moyenne quatre à cinq petits, en général plus précoces que ceux des autres races : ils ouvrent les yeux lorsqu'ils ont six ou sept jours et s'éloignent de leur mère dès qu'ils le peuvent pour explorer le monde qui les entoure. Ce sont des petits curieux et des farceurs!

Alors que les chatons orientaux possèdent une fourrure au dessin déjà bien marqué, les Siamois naissent tout blancs, avec un poil un peu duveteux. Ils ne prennent la couleur caractéristique de la race que vers sept mois. Chez certains, la couleur ne se stabilise même qu'à un an.

Il est de bon de connaître quelques pratiques administratives; pour cela, il peut être utile de s'adresser à la FFF, qui vous aidera à résoudre clairement tous les problèmes.

La déclaration de naissance des chatons, ainsi que le certificat de saillie délivré par le propriétaire du mâle doivent parvenir au secrétariat du Livre des Origines dans les deux mois qui suivent la naissance des petits.

Dans les trois mois qui suivent la naissance, il faut demander une inscription officielle au Livre des Origines.

Au moment de vendre ou d'offrir le chaton, il faut rédiger un formulaire de déclaration de transfert de propriété; celui-ci doit être envoyé dans les six mois au Livre des Origines. Le nouveau propriétaire reçoit alors un transfert (ou changement de propriété) et est alors inscrit au Livre des Origines.

La maison, le voyage ou la pension?

Ce chat exubérant, curieux et qui aime plus que tout être auprès de son maître dément la vieille croyance selon laquelle tous les félins domestiques sont d'éternels paresseux casaniers.

Les Siamois et les Orientaux aiment voyager, mais dans tous les déplacements (en automobile, en train ou autre) ils doivent être enfermés dans leur panier, sous peine de devenir source de mille désagréments pour eux-mêmes et pour les autres. Si vous prenez le bateau ou l'avion, informez-vous auprès de la compagnie des formalités à accomplir. N'oubliez pas que pour vous rendre à l'étranger avec des animaux, un passeport spécial est nécessaire, sur lequel figurent leur état de santé et les vaccinations effectuées.

Les Siamois et les Orientaux sont aussi des chats « à laisse »; les premières incertitudes passées, ils avanceront avec assurance à vos côtés. Le collier idéal est celui qui passe sous le ventre.

S'il n'est pas possible de l'emmener avec vous en voyage, mieux vaut éviter de partir en confiant à un étranger le soin de lui apporter chaque jour sa nourriture et de changer l'eau et le sable de sa litière; sauf pour quelques jours. Ce chat n'apprécie pas du tout la solitude et s'offense beaucoup d'être abandonné; pour tromper le temps, il peut très bien faire des bêtises pour vous dissuader à jamais de le soumettre à ce mauvais traitement.

Si vous avez un ami qui vous rend régulièrement visite et que votre chat a manifestement adopté, vous pouvez le laisser dans sa maison, à condition toutefois de prendre certaines précautions : il ne faut laisser ni les portes ni les fenêtres ouvertes; les habitudes alimentaires du chat ne doivent pas être modifiées; il est souhaitable de déposer un vêtement de son maître dans son panier, celui-ci devant se trouver dans l'endroit le plus tranquille de la maison.

Comme alternative, il existe des pensions spécialisées pour les chats; certains éleveurs rendent également ce service.

Colombine du de Maine Sacre, Siamoise Seal Tabby Point 32 SP, femelle de 2 ans.

Nicolaus Ya Tamu, Siamois Foreign White 35, mâle de 14 mois, Champion International.

Le Siamois et l'Oriental en compétition

Les chats à poil court ne nécessitent pas de préparation spéciale avant une exposition. Ils doivent être soigneusement lavés, leurs griffes étant taillées et leurs oreilles contrôlées. On peut utiliser un gant de velours ou une peau de chamois pour rendre le pelage plus brillant. Le bain n'est pas indispensable, excepté pour les fourrures blanches. Les concurrents doivent évidemment être en bonne santé et posséder le livret sanitaire obligatoire. Les femelles enceintes sont acceptées jusqu'à la quatrième semaine de gestation et après la période d'allaitement, soit un mois et demi ou deux après la naissance des chatons.

Les petits ne peuvent concourir qu'à partir de l'âge de trois mois. Même si les précautions adoptées par le personnel de l'exposition, les stewards (qui accompagnent le chat devant le jury) et les juges doivent être suffisantes pour éviter les épidémies, il est recommandé, surtout si vous possédez plus d'un chat, de faire prendre à votre champion un bain désinfectant dès qu'il rentre à la maison. Rappelez-vous que pour participer à un concours, le chat doit être aussi vacciné contre la rage. Comme ils sont extrêmement vivaces, les Siamois n'apprécient guère les familiarités des étrangers et adoptent souvent, durant les concours, des poses aristocratiques et distantes mettant en valeur leur beauté sculpturale.

Le barème des notes selon lesquelles votre chat sera jugé répond au tableau suivant :

ÉCHELLE DES POINTS

Score maximum	100 points
Type-structure taille et ossature queue et pattes rapport longueur/hauteur .	20 points
Tête-forme oreilles yeux dimensions du nez et du front, mâchoire et dents.	30 points
Couleur des yeux	15 points
Couleur de la robe	30 points
Condition physique . . .	5 points
Total	100 points

N.B. : Chaque imperfection diminue l'un des scores, ce qui donne un résultat inférieur à celui nécessaire pour conquérir le titre de champion.

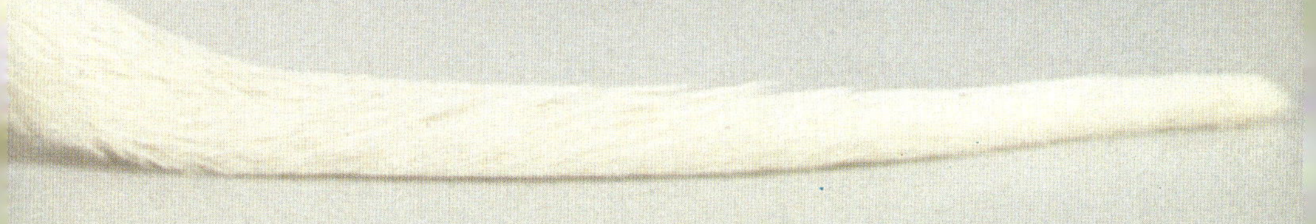

La carrière de notre chat aristocratique peut suivre la progression suivante selon les différentes catégories :

1) Jeunes de trois à six mois.

2) Jeunes de six à dix mois.

3) Libre ou Champion National – catégorie réservée aux sujets ayant déjà atteint l'âge de dix mois. On leur délivre alors le CAC (Certificat d'aptitude au Championnat). Pour devenir champion, le chat doit gagner trois CAC devant des juges différents.

4) Neutre – catégorie réservée aux sujets neutres ayant un âge supérieur à dix mois. On leur délivre le CAP (Certificat d'aptitude au prémoriat).

5) Championnat International – seuls les sujets déjà champions peuvent y participer. On leur délivre le CACIB (Certificat d'aptitude au Championnat international de beauté). Mais pour être considéré champion international, le chat doit avoir gagné au moins trois CACIB dans deux pays différents, avec trois juges.

6) Championnat International Neutre – seuls les sujets admis au prémoriat peuvent y participer; pour obtenir ce titre la procédure est identique à celle de la classe précédente.

7) Grand Championnat – l'accès en est réservé aux champions internationaux. On leur délivre le CAGCI (Certificat d'aptitude au Grand Championnat International). Pour être considéré Grand Champion, le chat doit avoir gagné au moins trois CAGCI dans trois pays différents.

8) Grand Championnat Neutre – seuls peuvent y participer les sujets ayant accédé au grand prémoriat international, puis la procédure est la même que celle de la classe précédente.

9) Championnat d'Europe – seuls les sujets déclarés Grand Champion peuvent y participer. On leur délivre alors le titre suprême, à savoir le CACE (Certificat d'aptitude au Championnat d'Europe). Mais pour être considéré Champion d'Europe, le chat doit avoir conquis trois CACE dans trois pays différents.

10) Championnat d'Europe Neutre – ne peuvent y participer que les sujets ayant accédé au grand prémoriat, puis la procédure est identique à celle de la classe précédente.

Passer quelques jours avec des dizaines et des dizaines de Siamois et d'Orientaux peut représenter une expérience unique, bien qu'un peu « électrisante », autant pour les animaux que pour les humains. Pour les profanes, ce sera une véritable découverte, et pour les défenseurs de cette race une occasion de vérifier que celle-ci est toujours aussi splendide.

Adresses utiles

Fédération française féline,
73, rue Claude-Decaen, 75012 Paris.

Société centrale féline de France,
24, rue de Nantes, 75019 Paris.
Tél. 40 35 18 04.

FIFE (Fédération internale féline),
siège légal : 4, rue de l'Athénée,
1205 Genève (Suissc).

Ramses von der Spitzleithe,
Oriental Bleu 29a, mâle de 20 mois,
Champion d'Europe.

Remerciements

Nous remercions mesdames Loredana Fanelli et Rossella Perniola, ainsi que les éleveurs et propriétaires ayant mis à notre disposition, avec tant de courtoisie, les chats photographiés.

Éleveurs

Barth, Malente, Allemagne, 9, 48, 49, 50, 52-53, 55
Del Calicanto, via Cagnoni, 19/d, Pavie, Italie, 8, 33
De Baia, Localité Rovascio Tavernerio, Côme, Italie, 19
Di Loreto, Aspach, Allemagne, 16, 17
Kleinmagd, Stein, Allemagne, 75, 81
Marhali, via S. Pellico, 3, Palerme, Sicile, 20, 70-71
Merck, France, 22-23, 77
Of Samantha, via XX Settembre, 30, Collegno (To) Italie, 34
Orplid's Stoccarda, Allemagne, 18, 21
Paccorini, via Donizetti, 5, Trieste, Italie, 28-29
Vanselow, 44, 67
Von Ratna Devi, Suisse, 24-25, 30-31, 56, 73
Ya Taumu, Residenza Orione, Milano Due, Italie, 2, 6, 10, 27, 30-31, 37, 39, 40-41, 42-43, 47, 56, 57, 59, 60, 62, 64-65, 69, 73, 78

Propriétaires

Gabriella Arosio, 10, 37
Lanfranchi Biasetti, 18, 21
Eliana Camorcia, 47, 69, 73
Giovanni Castiglioni, 6, 39, 40-41, 42-43
Mario e Marina Maglietta, 16, 17, 22-23, 28-29, 44, 67, 75, 77, 81
Annamaria Martinoli, 19
Anna Perlini, 24-25, 30-31, 56, 73
Semenza, 59, 62
Luca Sgarzani, 8, 9, 33, 48, 49, 50, 52-53, 55

Index

Les chiffres en italique renvoient aux légendes des illustrations.